FRIGHTFULLY
Halloween Activity Book
Coloring Pages and Word Search for Kids

Michelle Urra

Copyright © 2024 Michelle Urra.

All rights reserved. No part of this publication may be reproduced, distributed, or transmitted in any form or by any means, including photocopying, recording, or other electronic or mechanical methods, without the prior written permission of the publisher, except in the case of brief quotations embodied in critical reviews and certain other noncommercial uses permitted by copyright law.

This is a work of fiction. Any resemblance to actual events, places, or persons, living or dead, is entirely coincidental.

Printed in the United States of America.

ISBN: 978-1-962534-32-1

Pumpkin

Orange
Round
Seed
Vine
Carve
Pie
Patch
Grow
Fall
Stem

Candy

Sweet
Treat
Chocolate
Lollipop
Gummy
Candy
Caramel
Jellybean
Chewy
Taffy

Costume

Mask
Cape
Hat
Wings
Cloak
Wand
Boots
Gloves
Wig
Robe

```
N D K Q Z I A R H A
A B M Y M B O O J I
G C A P E O E B Z C
B A S G L O V E S U
O N K H A T X I U J
E W I N G S O N B A
J I A X A J G F L H
Q G M N N G K H Z S
R N J U D F M I W D
C Z C L O A K F Y W
```

Halloween

Pumpkin
Ghost
Witch
Candy
Costume
Spider
Bat
Skeleton
Mask
Moon

M	A	S	K	K	N	P	S	F	B
H	O	W	K	D	C	R	T	L	A
C	H	O	I	E	D	S	Q	M	T
W	O	O	N	T	L	H	C	S	O
E	F	S	C	M	C	E	O	B	Y
V	W	P	T	Q	L	H	T	E	C
A	C	I	O	U	G	C	C	O	A
Z	H	D	P	U	M	P	K	I	N
D	Y	E	I	A	T	E	T	A	D
T	O	R	L	H	U	Y	D	U	Y

Cat

Cat
Kitten
Fur
Purr
Meow
Whiskers
Claws
Tail
Paws
Nap

Witch

Broom
Spell
Witch
Magic
Wand
Potion
Hat
Cat
Cauldron
Potion

Ghost

Ghost
Haunt
Spirit
Spooky
Shadow
Ghoul
Boo
Float
House
Eerie

H O N E S T Y
M S I L K P H U R S R
S Q A O S H A D O W
B W G J T H Y X V
V I L E N H G O J P C
V S P I K J T S M F

Skeleton

Bone
Skull
Spine
Ribs
Joint
Skeleton
Clink
Rattle
Teeth
Funny

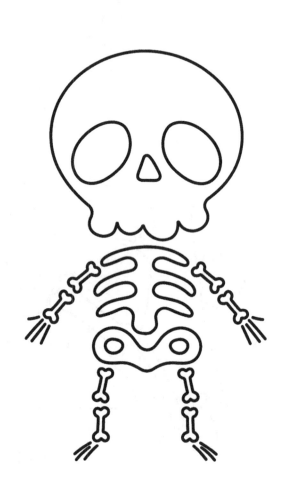

Haunted House

Ghost
Scary
Spooky
Haunted
Dark
Creepy
Fear
Shadow
Boo
Chill

```
H A U N T E D R U V
V B C M R S Z D Q K
X S U H E T C U V W
E V P C S C R A H Q
W S C O B F E Q R C
S P H D O J E E J Y
O G I A O K P A L V
W E L R D Z Y X R W
I X L K Z O Y N K C
S P L M G F W D O S
```

Party

Costume
Candy
Ghost
Pumpkin
Mask
Treat
Witch
Games
Party
Spider

Spider

Web
Legs
Silk
Crawl
Hide
Eyes
Tiny
Eight
Creepy
Hairy

Monster

Frankenstein
Ghoul
Werewolf
Troll
Witch
Ghost
Vampire
Goblin
Zombie
Scary

```
M G O B L I N N Y W
T S H A W T J A W E
V C Z O O R W P E R
V A H V U O Z W O E
S R M C H L O Q O W
Y Y U P W L M F W O
I N M L I P B U W L
Z Z M Q T R I C F F
A D Y I C T E G X P
Y Y C G H O S T L F
```

Bat

Bat
Wings
Night
Fly
Cave
Dark
Echo
Moon
Fangs
Vampire

Vampire

Blood
Fangs
Night
Bite
Coffin
Garlic
Bat
Thirst
Shadow
Undead

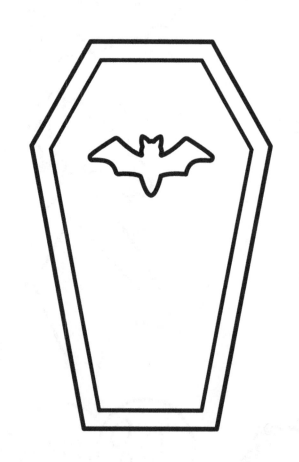

```
M G Q E A W B B X U
G F A N G S L I J D
P I A R G G O T A U
M H B Y L Q O E M V
Q K E W U I D T C W
K W M O M N C C O Z
Y P S Z U I Q D F Y
P F W B R G A A F Z
B O D X A H M L I W
T H I R S T K Q N A
```

Werewolf

Wolf
Moon
Night
Beast
Change
Howl
Furry
Fangs
Claws
Legend

Trick-or-Treat

Candy
Costume
Pumpkin
Ghost
Mask
Witch
Treat
Trick
Bag
Door

```
L   T   B   T   S
D O C T O R A T M C K
R E L T V M E O R
A N W S O S
F S H O R K O T M
L S T H V U K
C S C C R U M A
R T S N S E B
W G S H S P U D
W J Q R X P U V
```

Fall

Leaves
Crisp
Harvest
Pumpkin
Cool
Apple
Acorn
Breeze
Sweater
Cozy

Corn

Corn
Field
Stalk
Kernel
Farm
Maize
Rows
Crop
Harvest
Leaves

Magic

Wand
Spell
Potion
Wizard
Magic
Charm
Cauldron
Enchant
Curse
Witch

Moon

Night
Bright
Sky
Round
Shine
Glow
Moon
Light
Werewolf
Witch

TRICK OR TREAT

Cauldron

Pot
Boil
Brew
Cook
Fire
Witch
Magic
Potion
Black
Big

Candle

Wax
Wick
Flame
Melt
Light
Burn
Scent
Glow
Smoke
Jar

Zombie

Undead
Brains
Horror
Grave
Rot
Ghoul
Scary
Bite
Chase
Night

Graveyard

Tombstone
Spooky
Coffin
Grave
Burial
Haunted
Ghost
Zombie
Crypt
Creepy

```
N  H O S T S  C V E
D O R E C S E L B
     N O C M
   V N C H C Y N
     L O E E R K
   K N S P D Y T U E
   Y M A C H E R E N P
   B U R I A L Y T E R A
   H A U N T E D F E A R
   T O M B S T O N E F
```

Scarecrow

Field
Hay
Farm
Bird
Stuffed
Hat
Ragged
Guard
Corn
Crows

Pirate

Ship
Treasure
Captain
Crew
Sail
Pirate
Sword
Gold
Ocean
Parrot

Mummy

Ancient
Egypt
Pyramid
Pharaoh
Tomb
Bandages
Burial
Preserved
Coffin
Artifact

Spooky

Ghost
Witch
Haunted
Pumpkin
Skeleton
Spider
Bat
Zombie
Mummy
Creepy

```
O G O W P R H J P U
R U H S V C V V U E
S A A O T L H Z M T
Y H V I S G A W P M
G X W K B T U K K U
B I T W J A N Z I M
V S K E L E T O N M
R Z O M B I E E N Y
J C A S P I D E R B
P J F C R E E P Y L
```

Crow

Bird
Black
Fly
Eerie
Caw
Feathers
Beak
Wings
Scarecrow
Cornfield

Supernatural

Ghost
Spirit
Witch
Magic
Haunt
Curse
Demon
Phantom
Mystic
Spell

More books to enjoy from Michelle Urra:

123, Count with Me! Coloring Book
ABC, Read with Me! Coloring Book
Animal Face Mandala Coloring Book
Baby Bots Coloring Book
Baby Dragons Coloring Book
Baby Unicorns Coloring Book
Baby Zoo Animals Coloring Book
Dinosaur Days Coloring Book
Fabulously Fun Fall Activity Book
Halloween Hoopla Coloring Book
Haunted Halloween Pocket Puzzle Book
Little Gnomes Coloring Book
Little Witches Coloring Book
Little Zombies Coloring Book
Plump Pumpkins Coloring Book
Precious Puppies Coloring Book

If you enjoyed this book, please let me know by leaving a review online. Your support helps my books get noticed and shared.

Many thanks, Michelle

Made in the USA
Middletown, DE
03 September 2024